YR ARDD ANWELEDIG

I BAWB WNAETH F'ANNOG I FREUDDWYDIO

M.F.

ROEDD YN GARIAD AR YR OLWG GYNTAF.

— V.P.

YR ARDD ANWELEDIG

CYHOEDDWYD GYNTAF YN GYMRAEG, 2023, GAN LYFRAU BROGA, YR EGLWYS NEWYDD, CAERDYDD

ARGRAFFWYD YNG NGHYMRU

BROGA@BROGA.CYMRU

ISBN: 978-1-91430334-0

testun gan
VALÉRIE PICARD

addasiad
LUNED AARON

darluniau a syniad
MARIANNE FERRER

YR ARDD ANWELEDIG

BROGA

P

Ydyn ni bron yno?

Dyma ni-hwrê!

PEN-BLWYDD HAPUS, NAIN!

Pam na ei di i chwarae yn yr ardd, Elsi?

Hmm...

PFFF...

O, dyna garreg fach ddel.

Wwww!

HEI, ARHOSWCH AMDANA I!

Ble aethon nhw, tybed?

Hi Hi Hi!

ARHOSWC
AMDANA I!

Hwyl fawr, ffrindiau!

Hwp! Ffwrdd â ti!

Fy nhro i
nawr!

—O, am bysgod hardd!

Ond i ble maen nhw'n mynd?

Wwww!

HEI, ARHOSWCH
AMDANA I!

WAW!
Mae gardd Nain yn rhyfeddol!

CYFLYM!
DWI BRON Â'I DAL!

HA! DYNA TI!

– Www...

Dyna deimlad rhyfedd.

Dwi'n teimlo fel pe bawn i'n toddi...

Mae'n
debyg
i syrthio ...
i ... gysgu ...

Elsi?

Wela'i chi cyn bo hir, ddeinosoriaid!

BROGA